Sananda

Die Kraft der Liebe

Bettina Maria Haller
in Verbindung mit
Sananda

BERK Verlag

Deutsche Originalausgabe
1. Auflage 2010

Messkircherstr. 29
78333 Stockach
www.berk-esoterik.de

Umschlagsgestaltung und Satz: Mucki

ISBN: 978-39811-90144

Inhalt

Eines Tages, als ich in meinem Heilraum meditierte, habe ich gespürt, wie sich mir ein Wesen in vollkommener Liebe nähert.

Mein Herzchakra wurde weit, so als ob alles, was je mein Herz verschlossen hatte, plötzlich nicht mehr existent war. Ich sah, wie ein weiß leuchtendes Strahlen sanft und doch immer stärker werdend aus mir floss. Alles um mich herum war eins, es gab keine Trennung zwischen mir und der belebten und unbelebten Natur. Das Strahlen erfüllte den ganzen Heilraum.

Mein Körper fühlte sich leicht, warm und vollkommen elastisch an. In mir gab es keinen Gedanken, nur dieses tiefe Wissen bei mir angekommen zu sein.

Ich weiß nicht, wie lange ich in diesem Zustand war.

Jedenfalls bemerkte ich plötzlich, dass Jesus, Sananda, der Nazaräer, vor mir stand. Er sprach zu mir in liebevollen Worten: „Viele Leben bist du mit mir den Weg zur Verschmelzung mit deiner Seele gegangen, jetzt bin ich da um dich erneut zu begleiten. Es ist deine Aufgabe den Menschen zu helfen sich mit ihrer Seele zu verbinden, damit sie die Göttlichkeit in sich erkennen können."

Nach dieser Begebenheit hat Sananda mich gebeten die Texte über die Energie der Liebe niederzuschreiben.

In einfachen und dennoch hochenergetischen Texten wird der Leser durch Übungen sich mehr und mehr Gott in sich bewusst.

Die Texte und Übungen führen zur inneren Ausgeglichenheit und dem Wissen um Gott in sich.

Von ganzem Herzen wünsche ich Ihnen viel Freude auf dem Weg der Erkenntnis des göttlichen Seins.

Das Gebet der Liebe

Sei gesegnet aus der unendlichen Freude meines Herzens, Geliebte/Geliebter.

Viele Leben bist du dem Weg der Befreiung unter meinem Licht gefolgt.

So will ich dieses Mal dein Christuslicht vollends zum leuchtenden Stern deines Seins geleiten.

Christus wird in dir erwachen. Es ist Zeit dafür. Du bist jetzt auf der Erde, um meine geliebte Lady Gaia auf ihrem Weg in die fünfte Dimension zu begleiten.

Lass alles, was nicht mehr zu dir gehört, hinter dir.

Fokussiere dich auf die ICH-BIN-Gegenwart deines liebenden Herzens.

Die Liebe ist das Maß aller Dinge des Seins.

Hast du die Liebe wirklich erfahren, so wirst du dich immer daran erinnern, meine Geliebte/mein Geliebter.

Dein Herz wird voller Sehnsucht nur die Liebe als dein einziges wahres Ziel erkennen. Die Liebe zu dir und allem, was ist, die Liebe zu Gott in dir. Denn wahrlich ich sage euch: „Erinnert euch, ihr seid die Liebe Gottes auf Erden."

Wenn du erkennst, dass du Gott bist, wird seine unendliche Liebe zu allem, was ist, in dir erwachen. So sprich mir nach mit deinem Herzen.

Ich bin Liebe.

Ich bin Gott.

Ich bin die Auferstehung und das ewige Leben.

Ich bin die tätige Flamme der Liebe in Aktion.

Aus mir fließt die Liebe Gottes in alle Herzen.

Ich bin die Liebe Gottes auf Erden.

Ich bin Gott.

Ich bin Liebe.

Sprich dieses Gebet der Liebe für die nächsten 21 Tage, 2× pro Tag, am Morgen, wenn die Sonne aufgeht und am Abend, wenn die Sonne untergeht.

So lernst du Gott in dir zu erkennen und zu lieben, denn es gibt nichts außerhalb von IHM. Er ist und wird immer sein. Über allem Raum und alle Zeit wird ER herrschen aus SEINER ICH-BIN-Gegenwart.

Erkenne SEINE und deine Kraft, meine Geliebte, mein Geliebter. Dieser Weg führt dich zu dir und zu IHM, dem Vater allen Seins, der gemeinsam mit der Mutter und dem Sohn herrscht über alles ,was war , ist und sein wird in alle Ewigkeit in der unendlichen Weite des Seins, dem All, heraus aus dem Mittelpunkt der Sonne in die Herzen meiner Geliebten.

Sananda.

Göttliche Präsenz

So lerne, Geliebte/Geliebter, Gott in dir zu sehen als das, was er ist. Eine Energie, die immer präsent ist. Es gibt keine Abwesenheit, kein Fehlen von Gott.

Es geht darum diese göttliche Präsenz in sich stets wahrzunehmen als etwas, das durch nichts, was im Außen in Erscheinung tritt, jemals geändert werden kann.

Wie sollte etwas von Außen in dein Innerstes kommen, ohne dass du die Tür öffnest? Dein Herz ist der Wächter deines Seins, der Wächter Gottes im Innersten deines Seins.

So ist es erforderlich, dass du den Gewahrsam verstärkst, um zu erkennen, wem du die Tür öffnest und warum du sie öffnest. Erkenne durch ständiges Gewahrsam deine Diebe. Mit den Dieben meine ich alles, was dir die Energie nimmt. Diese Diebe sind niemals im Außen zu finden, sie sind in deinem Innersten und heißen Gier, Hass, Neid, Leidenschaft, Gewohnheit, Gereiztheit, Traurigkeit, Misstrauen und Verurteilung.

Du sollst achtsam sein vor diesen Dieben und sie erkennen als solche. Doch lege sie nicht anderen zur Last, sondern achte darauf, dass sie nicht in deinem Herzen Platz nehmen, um von da aus deine feinen Energien zu zerstören.

Der Weg des Gewahrsams

Gewahrsam bedeutet zu lernen sich und andere zu beobachten. Beobachte dich wie ein Vogel, der über der Landschaft kreist um seine Beute auszumachen.

Von oben und von innen wirst du erfühlen und wissen, was es ist, was dein Herz in einer anderen Frequenz schlagen lässt. Die Gnade des Gewahrsams all seiner innersten Abläufe bedarf der Ehrlichkeit und der Freude an der spirituellen Arbeit.

Gewahrsam heißt vor allem Gedankenstille. So übe dich nicht zu denken, einfach zu sein.

Zu diesem Zweck betrachte am besten die Natur. Der Baum steht in der Mitte der Wiese in vollkommener Ruhe, im Sein.

Dennoch weiß er, wann es Zeit ist sein Blätterkleid zu färben und fallen zu lassen, genauso wie er den rechten Zeitpunkt erkennt neue Triebe und Blätter hervorzubringen. Er verharrt in absoluter Ruhe, wenn der Schnee zu seinen Füßen liegt, und in der Hitze des Sommers schützt er seine Wurzeln und sammelt alle Kräfte der Sonne mit seinem üppigen Blätterdach.

Durch die Stille des Seins wird der rechte Zeitpunkt gegeben. Der Rhythmus und das Auf- und Abschwellen der Welle wird erkannt aus der Stille.

Leicht und unbeschwert ist der vollständige Gewahrsam der Begleiter der Macht aus dem Sein.

So ist es. Du wirst erkennen, dass dich die Bereitschaft deinen Gewahrsam auszudehnen in die umfassende Sicht aller Gegebenheiten führt.

Sei gegrüßt, Geliebte/Geliebter, dein Sananda.

Übung des Gewahrsams zur Gedankenstille

Betrachte einen Baum in seiner Pracht.

Sieh seine Blätter, die Äste, den Stamm.

Geh auf ihn zu und lege die Hände auf seinen Stamm und fühle das Pulsieren des Lebensstromes.

Der Baum hat seine Kraft über die Äste, die in den Himmel ragen, und über seine Wurzeln aus der Kraft der Mutter Erde in sich.

Die Sonne schenkt ihm den Strom des Lebens, der ihn durchdringt.

Fühle den Strom des Lebens und bitte den Baum diesen Strom von ihm zu dir fließen zu lassen. So bist du eins mit dem Baum. Er ist du und du bist er.

Meine Geliebte/ mein Geliebter, die Freude ist die Weisheit der Seele, jenseits der Unruhe in der Stille des Herzens. Sie nährt den ganzen Körper, erhält ihn geschmeidig und jung.

Wie gelangt die Freude in dein Herz?

Öffne es und liebe das Leben, so wie es ist.

Wie, meine Geliebte/mein Geliebter,
denkst du das Leben in einen Himmel
auf Erden verwandeln zu können?

Das Geheimnis ist die Freude. Erfreue dich an der Natur und an dir. Du bist ein Teil davon und das natürliche Streben des Menschen erfolgt in Freude und Harmonie, durchtränkt von der Gedankenstille und dem ruhigen, gleichmäßigen Schlag deines Herzens. Alles, was du dazu tun darfst, ist einfach zu sein, so wie du bist.

Die Freude ist eine Wesensart, die du dir als eine Grundstimmung zu Eigen machen kannst. Freue dich über das Hiersein auf der Erde, die dich reich beschenkt.

Liebe es die Natur zu betrachten, die Vögel und Schmetterlinge, die sich in der Sonne vom Wind wiegen lassen.

Lass dich bewegen von dem, was in deinem Leben an Schönheit sich offenbart. Sieh hin mit offenem Herzen und die Freude des ewigen Seins wird in dich fließen. Das Lodern der Flamme der Kerze, angetrieben durch die hohe Energie im Raum — erkenne es als ein Zeichen von mir und freue dich.

Wir[1] sind mit dir und wisse, die Freude ist immer mit uns.

---

1 Wir = Körper, Geist und Seele von Sananda

Übung der Freude

Die Flamme ist dein Freund.

Zünde eine weiße Kerze an.

Stelle sie in dein Blickfeld.

Blicke in die Flamme.

Öffne dein Herz und empfinde Freude.

Die Flamme wiegt sich sanft, wenn deine Freude eine ruhige, stille Freude ist.

Ist sie eine ungestüme, starke Freude, so wird die Flamme hüpfen.

Die Flamme deines Herzens und die Flamme der Kerze sind Feuer, und so kannst du dein Feuer mit dem Feuer der Kerze verbinden.

Ich, Sananda, liebe dich über alle Maßen, so sende ich dir die Weisheit der Freude in dein Herzzentrum, mein geliebtes Kind der Sonne.

Das Herz – kosmischer Magnet

Sei gegrüßt mein Geliebter/meine Geliebte, gesegnet aus dem Herzen meiner immer seienden ICH-BIN-Gegenwart.

Wisse, du bist Licht. ICH-BIN ist in dir. Erkenne, dass du alles bist, was ist. Sammle dich im Zentrum deines Herzens. Sei in deinem Herzen, Geliebte/Geliebter. Das Herz ist die Tür zur Welt hinter dem Schleier des Vergessens. Diese Welt ist in dir und gleichzeitig außerhalb.

Die Wirklichkeit Gottes, das unendliche Sein im Geiste des Allmächtigen, das Urlicht, der Ursprung aller Seelen, ist das Licht. Strahlend hell, geboren aus der Liebe. Dieses Licht nährt alles in allen Welten und ist der Bestandteil aller Materie, abgeleitet aus der sich selbst erschaffenden göttlichen Liebe, eingebunden in den Himmel und die Erde gleicher Maßen.

Dieses Licht schenkt das Leben und folgt der Kraft des kosmischen Magneten durch seine Impulse. Dieser Magnet zieht die Masse aller Teilchen an, um sie nach der spiraligen Drehung nach dem Rhythmus des Ein- und Ausatmens des Kosmos wieder abzustoßen.

Es ist ein ständiges Nehmen und Geben, das sich durch den kosmischen Magneten offenbart. Der Magnet im Außen steht in ständiger Korrespondenz mit dem inneren Magneten allen Seins, dem Herzen.

In der Erde ist er in ihrem Mittelpunkt tief verankert, er lenkt und zieht die Strömungen seiner Entsprechung an, die die Ereignisse auf der Erde bewirken.

Der innere Magnet jedes Lebewesens steht in Verbindung zum Magneten der Erde, wirkt auf ihn und erhält Impulse von ihm.

Durch den Erdmagneten sind alle Lebewesen miteinander verbunden. Seine Impulse finden ihre Entsprechung in den Impulsen der Magnete der fernen Welten, die im Kristallgitternetz ihre tatsächliche Verwobenheit und ihren Informationsaustausch üben. Die Informationen des Erdmagneten werden über das Gitternetz in die Magnete von Planeten und Sternen weiter geleitet.

Jeder Mensch, jedes Lebewesen hat ein eigenes Gitternetz und korrespondiert über dieses durch die Impulse in Form von Schwingungen mit den anderen Magneten.

Jeder Magnet wird vom gleichschwingenden Magneten angezogen und so erfolgt die Zusammenführung von Personen, Ländern und Völkern durch den Magneten.

Jeder Magnet beeinflusst jeden Magneten und wird seinerseits beeinflusst, weil alles durch Schwingung miteinander verbunden ist.

Die feinstofflichen Meister und Meisterinnen haben die Aufgabe die Schwingungen zu harmonisieren in dem Maße, wie die Bewusstseinsentwicklung voranschreitet.

Das Licht der Urquelle atmet im Rhythmus von Mahavan alle 23950 Jahre ein und aus. Die Wellen der Entwicklung folgen dieser Quelle und nichts und niemand kann sich diesem Gesetz, das ihr Karma oder Schicksal nennt, widersetzen. Doch deine Kraft und Liebe können die Frequenz der Schwingung beeinflussen und werden ihrerseits beeinflusst.

Das Gesetz des Ein- und Ausatmens soll und darf umfassend in dir zur Kenntnis reifen.

Ändert ihr alle hier auf diesem herrlichen blauen Planeten eure Schwingung, so wird der Magnet der Erde gemäß der Anziehung höher schwingende Magnete anziehen, was bewirkt, dass das Gitternetz der Erde mit anderen Gitternetzen ihrer Schwingung besser in Kontakt treten kann als bisher.

So wird die Schwingungsänderung von außen unterstützt und das Sich-Erheben der Wellen der Blockaden ebbt ab, weil Heilung geschieht.

Heilung geschieht durch die Veränderung der Frequenz der Grundschwingung zur feineren Schwingungsfrequenz, die mit Milde die Unterschiede der Frequenzen auslotet und das Aufeinandertreffen der Spitzen der unterschiedlichen Schwingungen besänftigt.

All dies geschieht durch eine einzige Kraft, die Kraft der Liebe, die das Urlicht und Urelement aller Schöpfungen ist.

Stell dir die Unendlichkeit der Liebe und der existierenden Energie vor und erkenne den ewigen Wandel der Gezeiten des Seins, der seine Wellen durch alle Welten sendet und Heilung bringt.

Meine Geliebte/mein Geliebter, lies die Worte langsam, versuche ihre Schwingung in dir sein zu lassen und schalte deinen Verstand aus. Diese Worte, die die Zusammenhänge allen Seins definieren, heilen die Muster der Trennung von der Quelle.

Sei gesegnet, Geliebte/Geliebter, dein Sananda.

Illusion

Sei gegrüßt, Geliebte/Geliebter, alle Dinge, die sich im täglichen Leben zeigen, sind Illusion. Es ist deine Seele, die dich durch das Spiel des Lebens in die Illusion der Erfahrung bringt.

So bist es auch du, der dieses Spiel verändern, beenden und neu entstehen lassen kann. Alles, was in diesem Spiel geschieht, wird durch die Seele angeleitet. Das Spiel kann in allen Ebenen und Räumen des Universums gespielt werden. Die Art und Weise der Gestaltung ist grenzenlos.

So wisse, dass alles, was ist, Illusion ist. In Wahrheit ist die Seele unbelastet und frei von allen Auswirkungen des Spiels der Illusionen. Immer dann, wenn dir dies bewusst ist, bist du in der Kraft Veränderungen sofort zu manifestieren.

Die Geschwindigkeit dieser Veränderungen, die sich auf der irdischen Ebene abzeichnen, hängen von der Kraft deines Vertrauens und deines Glaubens ab. So stärke den Glauben an dich und Gott, indem du dir immer mehr der Kraft deiner Seele bewusst wirst.

Wisse, Geliebte/Geliebter, alles, wahrlich alles, was ist, ist in dir, es existiert nichts außerhalb von dir, das von dir getrennt ist.

Übung zum Spüren der Kraft der Seele

Konzentriere dich auf dein Herz.

Gehe in das Gefühl der Liebe und Dankbarkeit und dehne den Funken deines Herzens in dieser Energie aus.

Der Funke des Herzens erscheint wie ein gold-silbern leuchtender Beistrich.

Dehne den Funken in deinem Körper aus und darüber hinaus.

Spüre, wie sich durch die innere Kraft dein Energiefeld verdichtet.

Diese Kraft bist du und Gott zugleich.

Ihr seid eins.

Übe diese Kraft der Seele im Alltag in dir zu spüren und lebe dein Spiel der Illusionen aus dieser Kraft in Freude, Wissen, Liebe und Harmonie.

Dein Sananda.

Der innere Friede führt über das Herz und über die Beherrschung der Gedanken und Gefühle.

In ägyptischen Schulen wurde gelehrt die Gefühle zu erzeugen und zu verändern, die Gefühle frei in sich aufkommen zu lassen und sie zu lenken.

Das Lenken der Gefühle führt in die Kraft der Manifestation, die nur dann entstehen kann, wenn du gelernt hast sein zu lassen, was ist, und davon trotzdem nicht in deinen Gedanken, Handlungen und Absichten beherrscht bist. D. h. die Gefühle sind da und du lässt sie einfach da sein, doch sie sind nicht deine Essenz, denn die Seele ist von allen Gefühlen unbelastet und frei. So ist es wichtig, dass du lernst die Gefühle in dir zu spüren ohne dich in ihnen zu verstricken und zu denken, dass die Gefühle die Realität sind.

Als Realität bezeichne ich die Illusion des Spiels des Lebens, während die Wirklichkeit das ist, was Gott, also die Seele ist.

So erkenne, dass alle Gefühle wertfrei, ohne Beurteilung sein dürfen.

Blockaden entstehen nur dann, wenn du dich mit deinen Gefühlen in der Realität verbindest und denkst, dass das die Wirklichkeit ist.

Sobald du erkennst, dass Gefühle Teil des Spiels des Lebens, der Illusionen sind, bist du unabhängig von ihnen.

Es ist in der Realität unmöglich ohne Gefühle Frieden in sich erstehen zu lassen, weil die Ebene der Erde dem Spiel der Illusionen verpflichtet ist.

Dennoch ist das Spiel der Gefühle nur Teil der Illusion. In der Wirklichkeit bleibt die Seele unbelastet und frei. So gilt es diese Dinge zu durchschauen, sie auf der Ebene des Herzens zu erkennen und dadurch die Kraft zur Lenkung der Gefühle zu erlangen.

Übe dich darin die Gefühle zuzulassen und im Gefühl die Illusion der Realität zu erkennen. Lerne zu fühlen. Lerne im Gefühl zu sein und gleichzeitig dir der Seele außerhalb des Gefühles bewusst zu sein.

Übung

Fühle Dankbarkeit mit der ganzen Kraft deines Herzens.

Am Höhepunkt der Dankbarkeit begib dich in das ewige Sein der Seele – dort ist tiefer innerer Friede.

Fühle Wut, fühle dieses Gefühl wieder mit der ganzen Kraft deines Herzens.

Am Höhepunkt der Wut begib dich in das ewige Sein der Seele–dort ist tiefer, innerer Friede.

Sei nur im Gefühl, produziere keine Situationen. Damit du in das Gefühl kommst, kannst du zu Beginn üben dir Situationen der Vergangenheit in Erinnerung zu rufen, für den Bruchteil einer Sekunde, in der Absicht das damit verbundene Gefühl zu spüren. Die Absicht ist wichtig, denn sie ist kein Teil dessen, was geschehen ist.

D.h. du gehst in die Situation lediglich um das Gefühl zu fühlen, nicht um eine Situation zu kreieren.

Damit verstehst du nun auch, wie wichtig die hinter allem stehende Absicht ist. Wenn das Gefühl in höchstmöglicher Intensität da ist, lenkst du das Gefühl in dein Herz.

Achte dabei auf den Herzschlag, an der Frequenz des Herzschlages kannst du die Gefühle unterscheiden, lange bevor sie dich in ihrer ganzen Intensität erreichen. So lernst du die Gefühle zu deuten, sie sein zu lassen oder abzuändern. Erinnere dich im Zentrum deines Herzens an die Liebe und Kraft deiner Seele und du wirst augenblicklich wissen, dass du nicht die Gefühle, sondern die Seele bist, die unbelastet, ewig und frei ist.

Geliebte, wisset, dass es für euch alle möglich ist alles Leid auf allen Ebenen hinter euch zu lassen.

Selbstheilung erfolgt durch das Bewusstsein der ständigen Verbindung zur göttlichen Quelle allen Seins. Stellt euch Gott, dessen Teil ihr seid, als ein strahlendes weißes Licht vor. Dies ist euer göttlicher Kern, aus ihm entspringt das Licht eurer Seele, euer hohes Selbst.

Betrachtet das strahlende weiße Licht, es fließt über eure Silberschnur, die diesem Licht entspringt, hinunter durch eure Fontanelle direkt in das Innere der Wirbelsäule, euren Hauptenergiekanal.

Bittet Gott um seine Kraft und Liebe, seid dankbar für die unbegrenzte Kraft, die euch zur Verfügung steht.

Füllt euren Körper so lange mit dem strahlenden weißen Licht, bis der Verstand (Gedanken und Gefühle) zur Ruhe gekommen ist.

Jenseits des Verstandes werdet ihr eine große innere Ruhe erfahren. In dieser Stille ist nichts. Kein Gedanke, kein Gefühl, keine Bilder. Gott ist.

Übt euch täglich in der Selbstheilung und all eure Fähigkeiten werden erwachen, denn ihr seid eins in IHM.

Ego

Geliebte/Geliebter, das Ego ist immer bemüht euch davon zu überzeugen, dass der Verstand über der Seele steht. Doch wer könnte jemals über Gott sein?

Jedes Mal, wenn der Zweifel zuschlägt und die Verbindung zur Seele untergräbt, gewinnt das Ego an Macht. Das Ego lässt euch denken, dass gewisse Dinge in eurem Leben eine besondere Wichtigkeit haben für eure spirituelle Entwicklung, doch das, was wirklich wichtig ist, ist lediglich das Bewusstsein, dass ihr eins seid mit Gott und es niemals eine Trennung von IHM gab oder geben wird.

Das Ego liebt es, wenn der Verstand sich wichtig macht, so erhält es seine Berechtigung. Doch die Stille schaltet das Ego aus und eure Seele wird über eure Gedanken mit euch sprechen. Klar werdet ihre diese innere Stimme in euch hören, ohne Zweifel, dass es Gott ist, der zu euch spricht.

Mit Ego meinen wir die Stimme in euch, die euch auffordert immer mehr in der äußeren Welt zu tun, um euch daran zu hindern sich der inneren Welt zuzuwenden. Alles ist jedoch in eurem Innersten, meine Geliebten, und das Äußere nur der Spiegel des Inneren.

Das Ego fordert ständig Veränderung, es ist unzufrieden mit dem, was ist, und drängt voranzuschreiten. Doch der Fortschritt erfolgt im Innersten und ihr erkennt ihn daran, dass die Stille und Harmonie sich immer mehr in euch auszubreiten beginnt.

Das Ego drängt euch zu Taten im Außen, doch die Stille fordert nichts.

Wenn ihr jemand sein wollt oder etwas haben möchtet, dann seid euch bewusst, dass das die Forderungen des Egos sind und ihr vom Willen der Seele meilenweit entfernt seid.

Übt die Stille in euch wahrzunehmen und bringt das Ego durch die Ausdehnung und bewusste Erzeugung der Stille, der Freiheit von Gedanken und Gefühlen, zum Schweigen. Geliebte, haltet den Atem an und fühlt die Stille in euch.

Seid gegrüßt, in Liebe aus der Wirklichkeit allen Seins, der Gegenwart Gottes in euch, Sananda.

Kraft

Meine Geliebte/mein Geliebter, die Kraft kommt aus der Stille, dem Vertrauen, dem Glauben und der Liebe an dich selbst.

Konzentriere dich auf die Sonne in dir, das Sonnengeflecht (den Solarplexus). Fühle, wie deine Sonne zu wachsen beginnt und sich über das gesamte Energiefeld ausdehnt.

Wenn die Sonne rotiert, erzeugt sie in sich die Strahlen der Kraft des Magnetismus. So lass deine Sonne mit dem Uhrzeigersinn rotieren, damit du die unbegrenzte Kraft in dir wahrnehmen und dich ausdehnen kannst.

Ohne die Liebe gibt es keine Kraft und ohne Kraft keine Liebe. Sei dankbar für die Kraft und die Liebe in dir.

Die Dankbarkeit segnet deinen Weg mit Kraft und Liebe.

Sananda.

Oftmals vergisst du, meine Geliebte/mein Geliebter, dass in der Einfachheit der Schlüssel zur Weisheit liegt. Der Verstand bringt dich in Unruhe, Zweifel und manches Mal in Angst.

Der Verstand versucht Ursachen zu setzen, doch die Seele ist mit dir immer verbunden. So schalte vor allem dann, wenn Chaos dich zu beherrschen beginnt, den Verstand aus und erinnere dich an die Verbindung mit der Seele. Sei dir der Seele bewusst und schon wirst du spüren, wie die Energie in dir die Stille erzeugt um die Stimme der Seele wahrzunehmen.

Alles ist in Wahrheit einfach.

Übung der Einfachheit

Atme gleichmäßig und ruhig und konzentriere dich dabei auf den Fluss des Atems.

Mit jedem Atemzug fließt die Kraft des allmächtigen Gottes in dich.

Werde dir bewusst: Du bist immer eins mit IHM und SEINE Essenz ist nichts als Liebe.

Aus SEINEM Herzen und meinem Herzen, die eins sind, segne ich dich, mein Geliebter/meine Geliebte, mit der Liebe und Dankbarkeit, Sananda.

Mein Geliebter/meine Geliebte, verstehe, dass die Vergebung dir die Tore ins Paradies der Freiheit öffnet. Vergib alles und jedem, denn es ist niemals geschehen, weil es in Wirklichkeit nur die Liebe gibt.

Aus dem Wissen, dass der Funken der unendliche Liebe das Fundament des Universums ist, folgt, dass es keine Schuld gibt. Alles, was ist, jede Seele ist frei von Schuld, weil sie in Wirklichkeit nichts anderes als Liebe ist.

Wenn du dich erinnerst, dass es keine Schuld gibt, sondern nur Liebe, dass niemals etwas geschah, was außerhalb der Liebe ist, so gibt es nichts zu vergeben, weil alles schon immer in der Liebe war und ist.

Damit du das aus der Tiefe deiner Seele heben kannst, muss der Verstand diese Worte verstehen. So lerne zunächst alles, was dir geschehen ist und was du getan hast, zu vergeben. Vergib dir und den anderen, damit du frei wirst und die unendliche Liebe Gottes in dir spüren kannst.

Übung der Vergebung

Vor deinem geistigen Auge erscheint der Mensch, dem du etwas zu vergeben hast. Sieh sein Bild vor dir und sprich in Gedanken: „ Ich vergebe dir, ich akzeptiere dich, so wie du bist. Ich sehe Gott in Dir. Ich liebe dich."

Sprich diese Sätze so lange, bis das Bild weg ist und du in deinem Herzen spürst, dass du frei bist. Vergib dir auch immer selbst.

Sananda.

Mein Geliebter/meine Geliebte, immer bist du eins mit allem, was ist. Alles steht miteinander in Verbindung und so hat jeder Gedanke, jedes Wort, jedes Gefühl, jede Absicht und jede Handlung, die du setzt, Auswirkungen auf dich und alles, was ist.

Alles und jeder berührt jeden über den göttlichen Funken, über den alles zu einer einzigen Einheit wird. Im Gewahrsam ist dieses Einssein, die Einheit mit allem, ständig präsent. Alles, was du aussendest, kehrt zu dir zurück, weil die Verbindung nicht getrennt werden kann, weil alles Gott ist.

Wenn du das Wesen der Einheit begreifst, wird in dir die Fähigkeit der Empathie geboren. Mitfühlend mit deinem Nächsten begreifst du die Einheit am besten.

Übung der Einheit

Setze dich deinem Partner gegenüber.

Atmet ruhig, bis Stille in euch beiden ist.

Dehne deine Aura so weit aus, dass das Gegenüber in deiner Aura ist.

Aus der Stille heraus lass nun zu, die Gefühle oder Gedanken des anderen wahrzunehmen.
Nach einer Weile tauscht die Rollen.

Bitte deinen Partner seine Aura über dich auszudehnen.

Schreib auf, was du wahrnimmst, und tauscht euch danach aus.

Du kannst diese Übung auch mit einem Stein oder einer Pflanze machen.

Betrachte die Pflanze und fühle die Oberfläche des Steins oder die Blätter der Pflanze auf deiner Haut oder in deinem Sonnenzentrum (Solarplexus).

Du bist eine Einheit mit allem, was ist, Geliebte/Geliebter, sei dir dessen bewusst, so segne ich dich mit der Kraft der Empathie, Sananda.

Ritual der Verschmelzung mit der höheren Seele

Meine Geliebte/mein Geliebter, Gott ist in dir und wird es immer sein. Es gibt keinen einzigen Augenblick deines Seins, wo dies je anders war oder sein wird. Dein Sein umschließt das irdische Leben und dein ewiges Leben in den feinstofflichen Bereichen. Du weißt, der Tod ist nicht existent, weil das, was du bist, deine Essenz , unberührbar von allen irdischen Vorkommnissen und ewig in seiner Existenz ist.

Deine Essenz ist das allmächtige Wissen und die allumfassende unendliche Liebe und Kraft des EINEN. Möge diese Kraft sich in dir manifestieren.

Während du die Übung liest, verschmilzt du mit deiner höheren Seele, die lebendige Kraft in dir wird wachsen und sich ausweiten zur Liebe, die alles umfasst, was ist.

Übung der Verschmelzung mit der höheren Seele

Atme tief ein und aus. Sei dir bewusst, dass dieser Schritt die Möglichkeit ist alles in dir zu verändern.

Ich, Sananda, begleite dich und werde dir bei der Verschmelzung mit deinem hohen Selbst (deiner höheren Seele) behilflich sein. Ich bin es, der dich über die Schwelle geleitet.

Du siehst vor deinem geistigen Auge eine wunderschöne Wiese mit herrlichen Blumen. Es ist ein strahlender, sonniger Tag. Schmetterlinge und wunderschöne Vögel begleiten dich, während du langsam einem goldenen Tor entgegen gehst, hinter dem du die Umrisse eines gleißend weißen Lichtes siehst.

Du öffnest das goldene Tor und bleibst vor der Schwelle stehen.

Du siehst das gleißend weiße Licht und fühlst die unendliche Liebe und Kraft, die davon ausgeht.

Hinter der Schwelle stehe ich, Sananda, und reiche dir meine Hand.

Ich fordere dich auf: „Geliebte/Geliebter, nimm meine Hand und steige über die Schwelle hinein in das Licht deines ewigen Seins."

In jenem Augenblick, wenn du meine Hand ergreifst und über die Schwelle trittst, verschmilzt du mit Gott.

Wogen der Liebe und Kraft durchströmen dich.

Endlich bist du bei dir angekommen.

Nimm dir Zeit und genieße dieses Ritual, mache es so lange und so oft, bis du die Verschmelzung mit deiner Seele wahrnehmen kannst.

Dein Sananda.

Sei gegrüßt hinter dem Schleier, im Wissen der Liebe, Sananda.

Göttlichkeit

Geliebte/Geliebter, erkenne, dass Gott in dir ist, so wie er in jedem Menschen, jedem Tier, jeder Pflanze und jedem Stein ist.

Aus allem und in alles strömt die göttliche Kraft stetig aus der Quelle allen Seins, das die Gesamtheit ist von allem, was ist.

Wenn Gott in allem ist, so bist auch du in allem. Werde dir deiner Göttlichkeit bewusst. Lebe sie im Alltag und erkenne dich in allem, was dich umgibt, als die Energie des EINEN, der alles in unendlicher Liebe unbegrenzt mit seiner Kraft versorgt.

Diese Liebe und Kraft beginnt nicht und endet nicht, sie ist einfach.

Übung der Göttlichkeit

Lass deine Gedanken zur Ruhe kommen.

Atme Gott mit jedem Atemzug tief ein.

Spüre, wie du von der Energie Gottes durchdrungen wirst und wie du alles, was dich umgibt, mit deiner göttlichen Kraft durchdringst.

Geliebte/Geliebter, erkenne die Unendlichkeit deiner Seele in der Verbindung mit ihr, wir lieben dich über alle Maßen, Sananda.

Christusbewusstsein

Meine Geliebte/mein Geliebter, wisse, dass Christus in dir zu finden ist.

Nichts ist außerhalb, alles ist in deinem Inneren. Verstehe, dass Christus in dir erwacht, wenn du dein Herz in immerwährender Liebe zu allem, was ist, erhoben hast auf dem Altar des Seins deiner ICH-BIN-Gegenwart.

Christus ist eine Bewusstseinsstufe, die nichts mehr bewertet, alles sein lässt, wie es ist, und in allem Belebten und Unbelebten SEINE immerwährende Liebe erkennt. ER und SEIN Allwissen sind in Christus lebendig und tätig zum Wohle aller im gesamten Kosmos.

Das Herz von Christus strahlt in SEINER Liebe und unendlichen Güte stetig in die Herzen aller Lebewesen und entzündet in ihnen die Fackel des lebendigen Gottes, die Fackel der Liebe.

Das Wissen der Einheit ist in Christus immer präsent als tiefes Mitgefühl, ohne Wertung, in allem Gott stets erkennend und wissend um SEINE Göttlichkeit.

Christus lässt sein, was ist, denn alles ist Gott.

Und so ist es.

Während du diese Zeilen liest, geschieht eine tiefe Transformation, die dich fühlen und wissen lässt, was es bedeutet in Christus zu sein.

Gesegnet bist du, meine Geliebte/mein Geliebter, aus dem Herzen Christi, Sananda.

Schlusswort

Meine Geliebten, die Seele ist in euch in ihrer ganzen Kraft präsent, wenn ihr erkennt, wer ihr seid.

Meine ganze Kraft der Liebe habe ich in diese Zeilen gesandt um euch in das Christusbewusstsein zu erheben.

Das Goldene Zeitalter ist das Zeitalter des Christus in jedem von euch, erkennt euch.

Ich verneige mich vor Gott
in euch, euer Sananda.

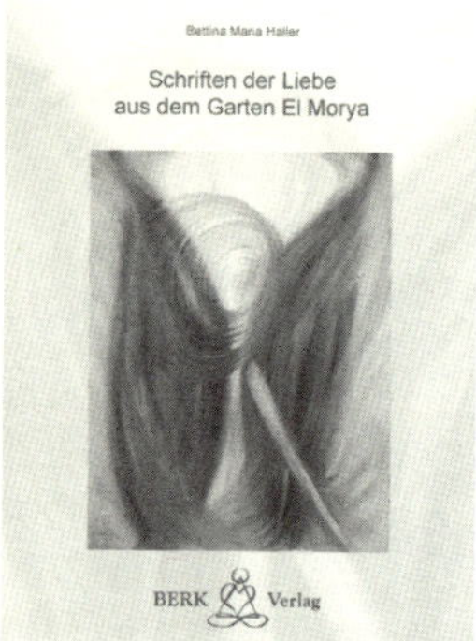

Schriften der Liebe

Bettina Maria Haller
ISBN: 978-3-9811901-0-6
Bettina Maria Haller channelt in diesem Buch El Morya, aufgestiegener Meister und Mitglied der weißen Bruderschaft.
El Morya geht in seinen Worten auf die momentane hochtransformative Zeit ein und gibt Unterstützung und Vorschläge für einen bewußten Umgang mit unseren alltäglichen Situationen.
Dieses Buch hat eine große Transformationskraft. Nutzen Sie diese Kraft, um Ihre Schwingung und ihr Bewusstsein zu erhöhen.
Möge das ewige Licht der Liebe in Ihnen erstrahlen.
El Morya

Hörbuch „Schriften der Liebe“

Bettina Maria Haller
aus dem Garten El Morya
Sprecherin: Bettina Maria Haller
Dieses Hörbuch auf CD enthält die folgenden Kapitel:
Begrüßung, Einführungstext, Liebe, Herz, Gedanken, Glaube und Demut, Dankbarkeit, Gefühle, Freude, Verstand und Intuition, Handlung und Absicht, Unbegrenztheit, Heilung und Psychische Energie, Transformationsmeditation.
Gesamtdauer der CD: 67 Minuten

Transformation in Violett

Bettina Maria Haller

ISBN: 978-39811-90151

Dieses Buch ist außergewöhnlich!
Meine Lieben, zum ersten Mal gebe ich die violette Flamme in ihrer Schöpfungsqualität weiter.
In ihrer Essenz schenkt die violette Flamme mehr Leichtigkeit und Freiheit. Ich freue mich, dass die Zeitqualität endlich gegeben ist, damit das möglich ist.
Euer Saint Germain

El Morya–Die Karten der Selbsterkenntnis

Bettina Maria Haller

Iris Merlino (Bilder)

ISBN: 978-3-9811901-2-0

Erkenne dich selbst mit Hilfe dieser wunderschön gestalteten 48 Karten der Selbsterkenntnis. Die lichte Kraft El Moryas wird dir zur Seite stehen, dich führen und begleiten. El Morya ist ein aufgestiegener Meister, der durch die Autorin seine Botschaften übermittelt.

ezugsquelle:
. Susanne Berk Esoterik e.K., D-78333 Stockach
›ly.smokes@berk-esoterik.de
ww.berk-esoterik.de